Sentimientos

Celos

Sarah Medina
Ilustrado por Jo Brooker

Heinemann Library
Chicago, Illinois

a division of Reed Elsevier Inc.
Chicago, Illinois

Customer Service 888–454–2279
Visit our website at www.heinemannlibrary.com

Photo research by Erica Martin
Designed by Jo Malivoire
Translation into Spanish produced by DoubleO Publishing Services
Printed in China by South China Printing Company Limited

11 10 09 08 07
10 9 8 7 6 5 4 3 2 1

Library of Congress Cataloging-in-Publication Data
Medina, Sarah, 1960-
[Jealous. Spanish]
Celos / Sarah Medina ; ilustrado por Jo Brooker.
p. cm. -- (Sentimientos)
Includes index.
ISBN 1-4329-0611-9 (hb - library binding) -- ISBN 1-4329-0618-6 (pb)
1. Jealousy--Juvenile literature. I. Brooker, Jo, 1957- II. Title.
BF575.J4M4318 2007
152.4'8--dc22
2007017082

Acknowledgments
The author and publisher are grateful to the following for permission to reproduce copyright material: Bananastock p. **22C**, **D**; Corbis p. **12** (bottom), p**14**, **18**; Getty Images/ photodisc p. **12** (top); Getty Images/Taxi p. **22B**; Punchstock/Photodisc p. **22A**.

Contenido

Algunas palabras aparecen en negrita, **como éstas**. Están explicadas en el glosario de la página 23.

¿Qué son los celos?

Los celos son un **sentimiento**. Los sentimientos son algo que sientes en tu interior. Todos tenemos diferentes sentimientos todo el tiempo.

Cuando sientes celos, puedes pensar que los demás tienen más que tú.

¿Qué ocurre cuando estoy celoso?

Cuando sientes celos, puedes sentir tristeza y **soledad**. Puede que no quieras hablar ni jugar.

Sentir celos también puede hacer que te enojes. Puede que sientas ganas de decir o hacer cosas feas.

¿Por qué sienten celos las personas?

La gente siente celos por muchas razones. Pueden desear algo que otra persona tiene.

Algunos niños sienten celos de sus hermanos o hermanas. Pueden pensar que el bebé recibe toda la **atención**.

¿Está bien sentirse celoso?

Los celos son un **sentimiento** normal.
Todo el mundo siente celos alguna vez.

No es bueno sentir celos por demasiado tiempo. Es mucho mejor sentirse feliz por otras personas.

¿Qué puedo hacer cuando estoy celoso?

Si sientes celos, dícelo a alguien. Habla con tus padres o con un maestro.

Piensa en todo lo que haces bien. Puede que no seas el mejor dibujando, ¡pero podrías ser estupendo haciendo maquetas!

¿Voy a sentir celos siempre?

Todos los **sentimientos** cambian con el tiempo. No siempre sentirás celos.

Intenta ser amable con la persona de la que sientes celos. ¡Pronto los dos estarán felices!

¿Cómo sé si alguien siente celos?

La gente que siente celos puede parecer enojada. Pueden hacerte daño diciendo o haciendo cosas feas.

Los celos pueden hacer que las personas se sientan tristes o **solas**. Puede que no quieran jugar con nadie.

¿Puedo ayudar cuando alguien siente celos?

Tú puedes ayudar cuando alguien siente celos. Sé amable con ellos. Invítalos a jugar contigo.

Diles que te caen bien. Así sabran
que deseas ser su amigo.

¡Ya me siento mejor!

Recuerda, todo el mundo siente celos de vez en cuando. Si sabes qué hacer con esos **sentimientos**, pronto pasarán.

Todo el mundo es especial a su manera, ¡y eso te incluye a ti! Sé feliz contigo mismo, tal y como eres.

¿Qué son estos sentimientos?

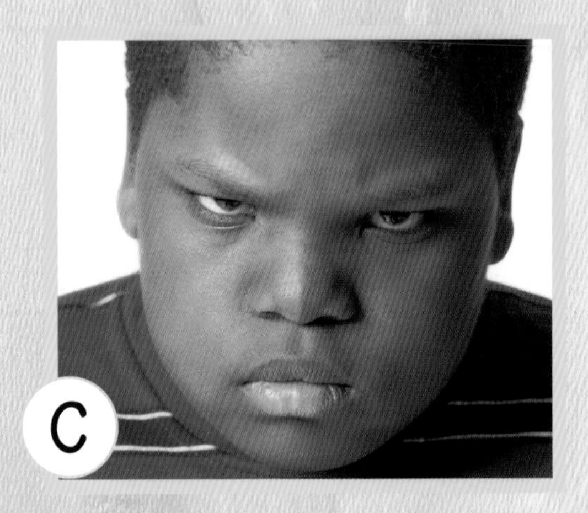

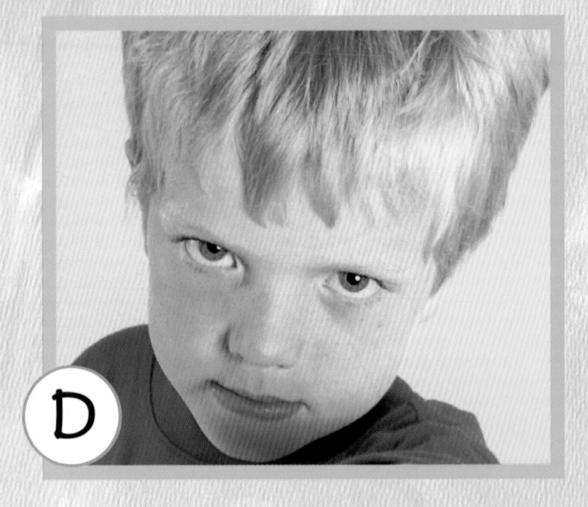

¿Cuál de estos niños parece feliz? ¿Qué sienten los otros niños? Mira la página 24 para ver las respuestas.

Glosario ilustrado

atención

cuando alguien pasa tiempo hablando con otra persona o haciendo cosas con ella

sentimiento

algo que sientes en tu interior. Los celos son un sentimiento.

soledad

cuando te sientes muy solo. La soledad es un sentimiento.

Índice

Respuestas a las preguntas en la página 22

La niña en la foto B se ve feliz. Los otros niños podrían sentirse tristes, enojados o solos.

Nota a padres y maestros

Leer para informarse es parte importante del desarrollo de la lectura en el niño. El aprendizaje comienza con una pregunta sobre algo. Ayuden a los niños a imaginar que son investigadores y anímenlos a hacer preguntas sobre el mundo que los rodea. Muchos capítulos en este libro comienzan con una pregunta. Lean juntos la pregunta. Fíjensen en las imágenes. Hablen sobre cuál piensan que puede ser la respuesta. Después, lean el texto para averiguar si sus predicciones fueron correctas. Piensen en otras preguntas que podrían hacer sobre el tema y comenten dónde podrían encontrar las respuestas. Ayuden a los niños a utilizar el glosario ilustrado y el índice para practicar vocabulario nuevo y destrezas de investigación.